RÉDIGER UNE LETTRE DE MOTIVATION EFFICACE

Techniques et astuces pour se différencier des autres candidats

Par Benoit Janssens

50MINUTES.fr

RÉDIGER UNE LETTRE DE MOTIVATION EFFICACE

- **Problématique ?** Comment rédiger la lettre de motivation qui me permettra d'obtenir un entretien d'embauche ?
- **Utilité ?** La lettre de motivation vient compléter et éclairer le CV. Elle permet, pour le candidat, de mettre l'accent sur certains atouts plutôt que sur d'autres en fonction de l'entreprise pour laquelle il postule ; elle offre en outre à l'employeur la possibilité de faire le lien entre le profil, la personnalité, les expériences, les compétences et la motivation du candidat.
- **Contexte professionnel ?** Recherche d'un emploi ou d'un stage, réorientation professionnelle.
- **FAQ ?**
  - Quelles sont les spécificités d'une lettre de motivation envoyée par e-mail ?
  - Est-ce conseillé d'écrire sa lettre de motivation à la main ?

- Faut-il systématiquement envoyer une lettre de motivation jointe au CV ?
- Quels arguments avancer lorsque l'on a peu ou pas d'expérience professionnelle ?
- Peut-on introduire une note d'humour dans sa lettre ?
- Comment exprimer son enthousiasme sans avoir l'air arrogant ?
- Peut-on rédiger une même lettre de motivation pour toutes ses candidatures ?
- Faut-il parler de la distance entre l'entreprise et son domicile ?

Que vous terminiez tout juste vos études, que vous cherchiez à vous réorienter professionnellement ou que vous vous lanciez à la recherche d'un nouvel emploi après un licenciement, à moins que vous ne vous lanciez à votre propre compte, vous êtes à présent amené à postuler pour un emploi ou pour un stage. Vous êtes dans ce cas immanquablement confronté à la rédaction d'une lettre de motivation, presque automatiquement demandée en accompagnement du CV.

En effet, quels que soient votre situation professionnelle et le secteur dans lequel vous souhaitez postuler, la lettre de motivation a acquis une importance primordiale. Elle constitue généralement, après le CV, le second document lu par le service en charge du recrutement. Les chances de succès d'une sollicitation dépendent donc fortement de la qualité et de la cohérence de cette lettre.

Attention, même si elle s'avère très bien construite et tout à fait pertinente, elle ne représente pourtant pas une garantie absolue de réussite. Votre candidature peut simplement ne pas rencontrer toutes les attentes de l'employeur par comparaison avec le profil d'autres candidats, et ce malgré tous les atouts et la motivation que vous avez pu faire transparaître dans votre lettre. Par ailleurs, d'autres étapes importantes restent encore à franchir, notamment celle de l'entretien (ou des entretiens) d'embauche. Ceci dit, pour avoir l'opportunité d'arriver jusque-là, il est absolument nécessaire de s'attarder dans un premier temps sur cette étape décisive qu'est la rédaction de la lettre de motivation.

Et cela peut constituer un défi compliqué lorsque l'on n'est pas habitué à cette pratique. Pire : alors qu'on pense rédiger sa lettre correctement, les réponses des employeurs restent négatives. Si vous êtes dans ce cas, il est peut-être temps de revoir votre méthode afin de maximiser les qualités de votre lettre.

Par où commencer ? Quels sont les éléments importants qui peuvent construire l'argumentaire et rendre votre candidature convaincante ? Plongez-vous dans la lecture de ce petit guide pratique pour mettre toutes les chances de votre côté et trouver le job de vos rêves !

B.A.-BA DE LA LETTRE DE MOTIVATION CONVAINCANTE

UNE ÉTAPE NÉCESSAIRE

Pour le candidat

Comme son nom l'indique, ce document sert à démontrer la motivation qui vous anime à l'idée d'exercer la fonction pour laquelle vous postulez. Il est à distinguer du curriculum vitæ, qui consiste quant à lui en un résumé de votre parcours professionnel et de vos compétences. Il ne suffit donc pas de répéter ce qui se trouve dans le CV en y mettant la forme. Les deux documents ne peuvent en aucun cas faire doublon. Cela ne signifie pas qu'il est interdit d'y évoquer des éléments similaires. Si faire part de vos compétences et de votre parcours reste la fonction première de votre CV, la lettre de motivation vous permet de développer de façon concise quelques points que vous trouvez primordiaux et qui justifient votre motivation pour le poste à pourvoir. Elle vous offre la possibilité de lier certaines de vos qualités ou compétences avec l'une ou l'autre expérience marquante de votre parcours. Attention, cependant, évitez de transformer votre lettre de motivation en un récit autobiographique !

« JE CONVIENS POUR LE POSTE »

Avant de poser votre candidature pour un poste, il va de soi que vous devez être certain de posséder les qualifications requises. En effet, la motivation ne suffit pas. Ce n'est qu'en démontrant à la fois vos compétences utiles pour le poste via le CV et votre motivation à l'aide de la lettre de motivation que vous aurez des chances d'intéresser l'employeur. Il est donc primordial de bien lire l'offre d'emploi avant de se lancer dans la rédaction d'une lettre de motivation.

Il n'est toutefois pas non plus absolument nécessaire de satisfaire à tous les critères énoncés par l'employeur dans son offre d'emploi. Les recruteurs mettent à disposition des demandeurs d'emploi un profil idéal. Lorsqu'elles sont clairement énoncées comme telles, certaines de ces conditions doivent être obligatoirement remplies (par exemple : « permis B obligatoire » ou « niveau d'étude particulier requis »). Cependant, votre motivation peut justement compenser une ou deux compétences que vous ne possédez pas encore. Ne jetez donc pas l'éponge trop vite : il serait dommage de laisser passer votre chance pour un élément mentionné par l'employeur que vous n'avez pas encore acquis alors que, excepté cela, vous êtes parfaitement qualifié.

Pour le recruteur

Dans la plupart des cas, l'employeur reçoit des dizaines, voire des centaines de sollicitations pour un poste. Faire passer un entretien à tous les candidats serait une perte de temps et d'argent. Le CV et la lettre de motivation lui permettent donc d'effectuer une première sélection.

Dans la plupart des cas, le CV est le premier document qui intéresse le recruteur. Après l'avoir consulté, s'il constate que votre profil répond aux principaux critères demandés, il se concentrera sur votre lettre. Celle-ci a donc une grande importance et ne doit pas être négligée. Elle constitue le « plus » qui peut vous distinguer des autres candidats. Vous avez beau avoir un bon CV, une lettre mal rédigée peut faire tomber votre candidature à l'eau.

La procédure de recrutement ne se déroule pas automatiquement de cette manière. Il arrive que la lettre de motivation soit la première à être examinée. Dans ce cas, elle se révèle encore plus importante. Si elle ne satisfait pas le recruteur, il y a de grandes probabilités pour qu'il ne prenne même pas la peine de s'intéresser à votre CV.

PRÉPARATION

Analyser l'offre d'emploi en détail

Comme nous l'avons vu, la première étape consiste à vous assurer que vous avez bien compris et assimilé en quoi consiste le poste pour lequel vous vous apprêtez à postuler. Analysez donc l'annonce point par point. Cette lecture attentive doit déjà vous donner une idée de ce que vous pourrez mettre en avant lors de la rédaction de votre lettre de motivation. Pour chaque élément requis par l'employeur, essayez de trouver dans votre parcours une expérience valable à mettre en avant.

Dans un deuxième temps, essayez de déduire lesquelles de vos qualités seraient utiles pour le poste. En effet, outre une liste des qualifications et qualités requises, les employeurs mettent généralement à votre disposition une description de la fonction. Pour prendre un exemple simple, s'il est indiqué que l'employé sera amené à collaborer quotidiennement avec plusieurs de ses collègues, il sera utile de mentionner que vous affectionnez le travail d'équipe, même si cette caractéristique n'est pas explicitement demandée.

CONTACTER L'ENTREPRISE

Les offres d'emploi sont parfois peu développées et peuvent manquer de clarté par rapport à la fonction et à ce qu'elle implique. Dans ce cas, n'hésitez pas à contacter la personne en charge du recrutement par e-mail ou par téléphone pour de plus amples renseignements sur le poste. Évitez par contre ce genre d'approche si vous n'avez pas de questions précises à poser.

Une fois certain(e) que votre candidature est légitime et cohérente par rapport au profil recherché par l'employeur, vous pouvez passer à l'étape suivante.

Se renseigner au maximum sur l'employeur et son secteur d'activité

Afin d'appréhender le mieux possible à qui vous avez affaire, récoltez toutes les informations disponibles sur l'employeur. Pour cela, plusieurs moyens sont à votre disposition.

- Internet : bien souvent, les employeurs, quels qu'ils soient, ont un site internet. Vous pouvez y trouver des informations utiles sur le positionnement de l'entreprise au sein de son secteur d'activité, sur sa philosophie, son mode de fonctionnement, son degré d'importance par rapport à ses éventuels concurrents, son histoire, etc.
- Les réseaux sociaux : vérifiez si l'employeur est présent sur les réseaux sociaux (Facebook et LinkedIn, principalement). Si tel est le cas, vous pouvez éventuellement en déduire des informations sur sa popularité, son image de marque et ses activités.

- Votre propre réseau : cela vaut toujours la peine de parler du poste et de l'employeur autour de vous. On ne sait jamais, certaines de vos relations connaissent peut-être l'entreprise ou quelqu'un qui y travaille.
- La presse : dans le cas de grandes entreprises, vous pouvez également vous renseigner dans la presse généraliste ou économique. Il se peut que cet employeur ait fait ou fasse l'actualité.
- Le téléphone : le numéro de téléphone de l'employeur se trouve presque toujours dans l'annonce. Il arrive souvent que l'on vous invite même à appeler pour plus de renseignements sur le poste proposé. N'hésitez pas à le faire également si vous avez des questions à propos de l'entreprise, après avoir vérifié que les réponses ne sont pas déjà disponibles via les moyens précédemment cités. Même si l'annonce ne vous incite pas à vous renseigner par téléphone, vous ne risquez rien à tenter l'expérience. Au contraire, cela ne fera que démontrer votre intérêt et votre sérieux auprès de l'employeur. Si vous n'êtes pas particulièrement à l'aise au téléphone, ne vous lancez pas dans une improvisation hésitante et notez préalablement les renseignements que vous

désirez obtenir.

Petit plus

Si le nom de la personne en charge du recrutement figure dans l'offre d'emploi, cherchez à connaître son statut au sein de l'organisme employeur. En effet, cette information vous permettra de personnaliser un peu plus votre lettre de motivation en vous adressant à cette personne en particulier. Vous pourrez ainsi commencer votre lettre par « Monsieur le directeur, » ou « Madame la directrice des ressources humaines, » au lieu du simple « Monsieur, » ou « Madame, », une attention qui démontrera encore davantage votre implication.

Si vous postulez pour un emploi dont le secteur ne vous est pas familier, il est également utile de vous renseigner à ce sujet. Par exemple, si vous postulez en tant que secrétaire dans le secteur industriel et que votre expérience professionnelle se situe plutôt dans le domaine commercial, il est primordial que vous sachiez de quoi il retourne.

Pourquoi faut-il récolter toutes ces informations ?

Tout ce processus de recherche de renseignements vous permet de cerner au mieux l'organisation avec laquelle vous vous engagez dans la démarche de candidature. Cela vous servira non seulement pour la rédaction de votre lettre de motivation, mais aussi pour la conception de votre CV et les éventuels entretiens qui suivront. En somme, toute votre communication ultérieure sera conditionnée par ce que vous aurez appris lors de votre recherche préliminaire d'informations.

Pour en revenir à la lettre de motivation en elle-même, il va de soi que vous devez adapter l'objet de votre document en fonction de l'emploi pour lequel vous postulez. Ce n'est cependant pas le seul élément auquel il faut veiller. En effet, tant le ton adopté que les compétences mises en valeur dépendent des spécificités de l'employeur. Vous pouvez donc encore augmenter vos chances de succès en adaptant votre lettre de motivation au profil de l'employeur. Par exemple, pour un poste identique dans une multinationale ou dans une petite entreprise familiale, votre lettre de motivation ne sera pas la même. Vous mettrez l'accent sur des points différents, que ce soit à propos de votre motivation ou en ce qui concerne vos compétences.

	Multinationale	Petite entreprise
MOTIVATIONS	• Travailler dans une entreprise prestigieuse • Possibilités de mobilité dans l'entreprise (voire de mobilité internationale) • Affinité avec les grandes structures et les grandes équipes	• Travailler dans une entreprise à dimension humaine • Possibilités d'évolution rapide au sein de la société • Plus grandes responsabilités étant donné la taille de l'entreprise
COMPÉTENCES ET QUALITÉS	• Autonomie • Discipline • Efficacité particulière dans un type de travail	• Travail d'équipe • Esprit d'initiative • Proactivité

Vous possédez certainement des qualités et des motivations pour les deux types de société, mais selon l'employeur, vous mettrez l'accent sur certaines plutôt que sur d'autres.

IDENTIFIER LE PROFIL DE L'EMPLOYEUR

De très nombreux critères permettent de différencier les employeurs. En voici une liste non exhaustive :

- la taille de l'organisation ;
- ce qu'elle produit ou génère (produit ou service quel qu'il soit) ;
- sa notoriété ;
- sa philosophie ;
- son origine (nationalité de la maison mère) ;
- son histoire ;
- sa hiérarchie ;
- sa réputation.

Si vous vous impliquez de la sorte, votre lettre de motivation aura le mérite d'être unique et aura plus de chances d'attirer l'attention de la personne en charge du recrutement. En effet, la différence est directement détectable entre une lettre générique que vous copiez/collez pour chaque sollicitation et une lettre personnalisée grâce aux conseils prodigués ci-dessus. Tanguy V., recruteur professionnel, témoigne :

« Il ne faut pas avoir des années de métier pour distinguer directement une lettre de motivation personnalisée d'une lettre que le candidat se contente d'envoyer à tous les employeurs en ne changeant que quelques détails. C'est dommage parce que certains candidats possèdent certainement les qualités requises pour le poste, mais la lecture de la lettre de motivation les dessert car, justement, la façon dont ils l'ont rédigée nous démontre qu'ils ne sont pas si motivés que ça. Si le candidat a pris la peine de prendre connaissance de l'organisme chez qui il postule et qu'il utilise ces informations pour sa lettre, c'est certain que ça attire directement l'œil du recruteur. »

RÉDACTION

Enrichi(e) de tous les éléments précités, il est désormais temps de vous lancer dans la rédaction de votre lettre. Une lettre de motivation possède une structure spécifique qu'il convient de respecter scrupuleusement. Sans cela, vos chances de succès seront fortement affaiblies. En outre, les employeurs n'ont que peu de temps à consacrer à la consultation des candidatures et si votre lettre est trop longue – elle ne doit en aucun cas dépasser une page A4 – ou ne va pas droit au but, ils auront vite fait de passer à une autre candidature.

L'en-tête

Cette partie très formalisée vous permettra de commencer facilement sans rester bloqué face à une page blanche. Elle donnera en outre directement au recruteur les informations factuelles dont il pourrait avoir besoin.

Vos coordonnées : dans le coin supérieur gauche, inscrivez vos nom et prénom, votre adresse, votre numéro de téléphone et votre adresse e-mail. Ces informations permettront à l'employeur de vous contacter facilement, sans avoir à rechercher vos coordonnées. Ce point peut paraître mineur, mais il est primordial que vous soyez facilement joignable.

Les coordonnées de l'employeur : dans le coin supérieur droit, inscrivez les coordonnées de l'entreprise ainsi que le nom de la personne en charge du recrutement (si vous la connaissez, bien sûr) précédé de la mention « À l'attention de ». Cela pourrait s'avérer utile dans le cas où le courrier serait ouvert par une autre personne que celle à qui vous vous adressez en particulier. Ce n'est donc pas grave si vous répétez cette information qui se trouve déjà sur l'enveloppe.

Le lieu et la date d'envoi : en dessous des coordonnées de l'employeur, indiquez la ville correspondant à votre adresse, suivie de la date. Par exemple : « Liège, le 16 octobre 2014 ».

L'objet : plus bas, et du côté gauche, doit se situer l'objet de votre lettre. Il suffit d'indiquer le poste pour lequel vous postulez, suivi de la référence de l'annonce si celle-ci en possède une. Rédigez cela comme suit : « Objet : candidature au poste de … (référence) ».

L'introduction

Comme son nom l'indique, cette partie sert à établir le contact avec l'employeur sans entrer dans le vif du sujet de façon trop abrupte. Elle se compose de deux parties : la formule d'appel et le premier paragraphe.

Indiquez tout d'abord à qui vous vous adressez. Si vous ne le savez pas précisément, optez pour la formule suivante : « Madame, Monsieur, ». Si vous connaissez le nom de la personne en charge du recrutement, indiquez « Madame, » si c'est une femme et « Monsieur, » si c'est un homme, sans préciser son nom. En effet, contrairement à ce qu'on entend souvent, les « Madame Y » ou « Monsieur X » sont perçus comme moins respectueux que la seule mention « Madame » ou « Monsieur ». Par contre, si vous connaissez la fonction de la personne à qui vous vous adressez, indiquez-la : « Madame la directrice, » ou « Monsieur le préfet, » par exemple. N'oubliez pas la virgule qui suit chacune de ces formules d'appel.

Une fois cela rédigé, allez à la ligne en laissant un espace et introduisez votre lettre. Le premier paragraphe doit tenir en cinq ou six lignes maximum et répondre à la question suivante : « Pourquoi l'employeur reçoit-il votre candidature ? » Vous pouvez ainsi commencer par mentionner brièvement que vous avez vu l'annonce de l'entreprise et expliquer pourquoi sa lecture a éveillé votre intérêt. Exposez votre situation actuelle, puis utilisez les informations que vous avez préalablement récoltées au sujet du poste et de l'employeur. Par exemple :

> « C'est avec beaucoup d'intérêt que j'ai lu votre offre d'emploi concernant le poste de ... Je suis actuellement à la recherche d'un emploi en tant que ... dans le secteur de ... Votre annonce me concerne donc fortement. La possibilité d'exercer cette fonction au sein d'une entreprise

> innovante et en pleine expansion telle que …
> m'enthousiasme beaucoup, et je pense avoir
> toutes les compétences dont vous avez besoin. »

Ceci n'est qu'un exemple générique, essayez de trouver votre propre façon d'amener les choses. N'oubliez pas qu'il est primordial de personnaliser votre lettre au maximum.

Le corps de la lettre

Elle doit répondre à trois questions pour susciter l'intérêt du recruteur. Ces trois questions correspondent aux trois parties qui composent habituellement une lettre de motivation.

- **Qui êtes-vous ?** Cette partie est consacrée à votre cursus personnel, dont le but est de légitimer votre candidature. Il est donc important de sélectionner les éléments de votre CV les plus significatifs par rapport au poste sollicité et de les transformer en arguments pour vous distinguer des autres candidats. Même si vous postulez pour un emploi qui diverge de ce que vous avez réalisé auparavant, essayez de mettre en valeur les qualités et compétences que vous avez développées et qui sont également pertinentes pour ce nouveau travail. Ce qui vous paraît être un point faible peut parfois se transformer en un atout qui vous permettra de sortir du lot. Le but est donc de mettre l'accent sur la valeur de votre expérience auprès de l'employeur.

- Cette partie constitue en général la plus conséquente d'une lettre de motivation : elle peut s'étendre sur dix ou quinze lignes. Il est d'ailleurs conseillé de la diviser en deux ou trois paragraphes cohérents pour ne pas avoir un gros bloc de texte. En outre, cela vous aidera à structurer vos idées et la lecture n'en sera que plus agréable pour le recruteur.

- **Qu'est-ce qui vous motive à postuler pour ce poste et dans cette organisation ?** Même si vous avez abordé très brièvement cette question dans la partie introductive, vous devez ici développer les raisons qui vous motivent à soumettre votre candidature pour ce poste et pour cet employeur en particulier. Ne négligez pas l'employeur en mettant l'accent uniquement sur l'emploi qu'il propose. À nouveau, utilisez les informations que vous avez récoltées au préalable pour développer vos arguments de motivation. L'employeur doit pouvoir détecter que vous avez compris qui il est et en quoi consiste les enjeux de la fonction qu'il cherche à pourvoir. En bref, vous devez montrer que vous êtes dans votre élément. Pour cette partie, il est également fortement recommandé de se baser sur l'annonce et d'en reprendre les points essentiels en précisant en quoi ils vous motivent.

- **Pourquoi êtes-vous le candidat idéal ?** Ce paragraphe fait office de conclusion : il résume et articule ensemble les éléments développés précédemment. Il termine la lettre en démontrant en quoi votre profil est adapté aux tâches qu'implique le poste ainsi qu'à la culture de l'organisation qui le propose. Idéalement, à l'issue de votre lettre, la fonction pour laquelle vous postulez doit sembler s'accorder de façon évidente avec votre parcours.

La formule de politesse

Terminez votre lettre en indiquant que vous restez à disposition de l'employeur s'il désire plus de renseignements à votre égard. Utilisez ensuite une formule de politesse simple et classique telle que : « Veuillez agréer, Madame, Monsieur, l'expression de mes sentiments distingués » ou

« Je vous prie d'agréer, Madame, Monsieur, mes sincères salutations ». Il ne vous reste plus qu'à signer dans le bas de la page ou à indiquer vos nom et prénom si vous postulez par e-mail.

ENVOI

Le mode d'envoi des candidatures est toujours spécifié dans l'annonce. Soit on vous demande de postuler par e-mail, soit par la poste. Mais, souvent, le choix vous est laissé entre les deux possibilités. Dans ce cas, optez de préférence pour l'envoi par la poste. En effet, les employeurs reçoivent des e-mails en très grand nombre. Votre lettre et votre CV ont donc plus de probabilités d'être noyés dans la masse que si vous l'envoyez par courrier.

UN OUBLI FÂCHEUX

Si vous postulez par e-mail, veillez à éviter l'erreur classique que tout le monde a déjà commise : vérifiez que vous avez bien joint votre lettre de motivation et votre CV en annexe. Si cet oubli n'est pas très grave dans un contexte privé, cela peut amener ici à de fâcheuses conséquences : soit vous ne vous en rendez pas compte et l'employeur n'a tout simplement pas accès à votre sollicitation ; soit vous renvoyez vos pièces jointes dans un autre mail, ce qui limite les dégâts mais ne rattrape pas complètement l'impression de négligence que votre oubli a probablement suscitée chez le recruteur.

TOP CONSEILS

- Utilisez le jargon propre au secteur pour lequel vous postulez. Cela renforcera encore plus l'aspect personnalisé de votre lettre de motivation. Évidemment, ne rentrez pas non plus dans des détails trop compliqués et trop spécialisés. Le but est de montrer implicitement que vous êtes effectivement expérimenté pour le poste, sans assommer le recruteur à coups de termes techniques.

- Faites preuve d'originalité pour vous démarquer des autres candidats. Bien que la lettre de motivation reste un document assez conventionnel, selon le poste et l'employeur, essayez de juger dans quelle limite un peu d'originalité peut constituer un plus. Concrètement, cette note d'originalité peut être une passion, une expérience peu commune que vous avez vécue ou une manière bien personnelle de présenter les choses. Dans tous les cas, évitez les phrases toutes faites. En lisant votre lettre, il faut que le recruteur n'ait pas l'impression de lire la même chose que dans les dizaines d'autres sollicitations qu'il a reçues.

- Soignez l'orthographe. Relisez plusieurs fois votre lettre de motivation de façon attentive. Si l'orthographe n'est pas votre point fort, demandez à des proches de la relire pour vous. Quel que soit le poste et le secteur dans lequel vous postulez, les fautes d'orthographes font toujours mauvaise impression.
- Rédigez des phrases courtes. Dans un souci de clarté maximale, ne vous lancez pas dans de longues phrases. Le recruteur doit assimiler directement le contenu de votre lettre. Il ne faut pas qu'il soit amené à relire un passage peu clair en raison d'une phrase trop complexe. Attention, n'abusez pas non plus des phrases trop courtes, le but n'étant pas de parvenir à un style télégraphique.
- Restez honnête quant à vos compétences. Certes, vous devez vous mettre en valeur, mais mentir en inventant des éléments pour renforcer votre candidature se retournera contre vous lors de l'entretien, voire même après.
- Adoptez un ton enthousiaste. Le ton de votre lettre doit laisser transparaître votre motivation, sans toutefois donner une impression d'excès de confiance en soi : cela peut passer

pour de l'arrogance ou de la vantardise auprès de l'employeur.

- Restez digne. N'ayez pas l'air de supplier l'employeur. Jouer sur la pitié ne fonctionnera pas.
- Évitez de vous répéter. Inutile de revenir sur un élément que vous avez déjà abordé ou de l'exprimer à nouveau d'une façon différente. Vous ne disposez que d'une page A4. Il faut donc rentabiliser la place que vous avez. Veillez à l'efficacité de votre rédaction.
- Vos phrases doivent toujours être à la forme positive. Reformulez les tournures négatives si vous en avez laissées. Cela peut sembler anodin, mais les phrases négatives ont un effet néfaste sur l'impression que laisse votre lettre.
- Utilisez une mise en forme simple. S'il est conseillé d'apporter une touche d'originalité dans le contenu de votre lettre, misez en revanche sur la sobriété en ce qui concerne la forme – sauf éventuellement dans le cas d'une sollicitation dans le secteur artistique. Restez-en à la couleur noire et à une police classique (Arial, Times ou Calibri). Évitez également les cadres trop imposants. Le contenu prime sur tout le reste, et la forme doit donc lui laisser le plus de lisibilité possible.

FAQ

QUELLES SONT LES SPÉCIFICITÉS D'UNE LETTRE DE MOTIVATION ENVOYÉE PAR E-MAIL ?

Lorsque vous postulez par e-mail, il n'est pas nécessaire de rédiger votre lettre sur une page de traitement de texte et de l'envoyer en pièce jointe. Vous pouvez envoyer votre texte directement dans le mail. Cela constitue un document en moins à ouvrir pour le recruteur, ce qui lui facilite la vie. Il est par contre conseillé de rédiger d'abord votre lettre dans un document à part, puis de le copier/coller dans le corps du mail. Cela permet d'éviter les fausses manœuvres, comme envoyer votre mail par erreur alors que vous ne l'aviez pas terminé.

En ce qui concerne le fond, la lettre de motivation envoyée directement dans l'e-mail doit respecter les mêmes règles que la lettre envoyée par courrier. Il existe en revanche quelques différences formelles puisque les codes en vigueur sont ceux du format e-mail et non ceux d'une lettre classique. En effet, les deux modes d'envoi ont chacun leurs propres conventions. Le courrier électronique requiert moins d'éléments que la lettre classique envoyé par courrier postal : vous ne devez pas vous souciez de l'en-tête. Commencez directement par l'introduction. La première chose à écrire sera donc « Monsieur le directeur, » ou « Madame la directrice, ». Vous inscrirez votre nom et vos coordonnées à la fin du mail. Quant à l'objet de votre lettre de motivation, il trouve logiquement sa place dans l'objet de votre e-mail

EST-CE CONSEILLÉ D'ÉCRIRE SA LETTRE DE MOTIVATION À LA MAIN ?

Il peut être tentant de personnaliser sa lettre en l'écrivant soi-même, pour des raisons esthétiques ou pour se démarquer encore davantage, et il s'agit en effet parfois d'un geste judicieux. Cependant, gardez à l'esprit qu'à l'ère du numérique généralisé, vous risquez de transmettre une image dévalorisante de vous-même : celle d'une personne en retard vis-à-vis des usages de la technologie moderne. Ce conseil est d'autant plus primordial si vous postulez dans un secteur directement lié à la manipulation informatique.

FAUT-IL SYSTÉMATIQUEMENT ENVOYER UNE LETTRE DE MOTIVATION JOINTE AU CV ?

Si elle n'est pas spécifiquement demandée dans l'annonce, la lettre de motivation n'est pas obligatoire. Toutefois, il ne coûte rien – sinon du temps – de joindre ce document à votre CV, et cette démarche vous permettra de mettre en avant dès les premiers contacts votre motivation et votre intérêt pour le poste sollicité.

QUELS ARGUMENTS AVANCER LORSQUE L'ON N'A PEU OU PAS D'EXPÉRIENCE PROFESSIONNELLE ?

Lorsque vous arrivez sur le marché du travail pour la première fois, il est évidemment difficile de justifier d'une expérience professionnelle. Si c'est votre cas, ne vous découragez pas. Il existe d'autres solutions pour mettre en avant vos qualités et vos compétences. Il convient d'abord de vous remémorer précisément votre cursus et de détecter les éléments qui pourraient se révéler utiles pour le poste pour lequel vous postulez. Vous n'y pensez peut-être pas spontanément, mais certaines de vos expériences que vous croyez anodines peuvent se révéler significatives. Songez donc non seulement à vos éventuelles activités bénévoles, stages ou études, mais aussi à vos voyages, activités sportives, passions ou hobbies. Parmi tous ces éléments, essayez de trouver les compétences les plus pertinentes que vous avez pu acquérir. Il s'agit de montrer que malgré votre inexpérience professionnelle, vous êtes autant en mesure d'assumer le poste et ses exigences qu'un autre candidat.

CONSEIL PREMIER EMPLOI

Ne mentionnez jamais explicitement votre manque d'expérience professionnelle. Le recruteur le remarquera par lui-même sur votre CV. Il n'est donc pas nécessaire de le souligner, le but étant de faire passer au second plan cet élément à priori handicapant pour votre candidature.

Si, inversement, vous avez des expériences pertinentes à votre actif, mais pas le diplôme demandé, mettez l'accent sur celles-ci et sur ce qu'elles vous ont apporté, sans faire allusion à votre absence d'études. Là aussi, cet élément sera directement visible sur votre CV, et le signaler dans votre lettre risque de donner l'impression au recruteur que vous vous rabaissez. Reléguez cet éventuel défaut au rang de détail par rapport à l'expérience, les compétences et autres qualités que vous avez accumulées.

PEUT-ON INTRODUIRE UNE NOTE D'HUMOUR DANS SA LETTRE ?

Certes, nous vous avons sans cesse conseillé de vous démarquer en rédigeant une lettre originale et qui vous correspond. Néanmoins, l'humour étant quelque chose de relatif, il est très délicat à utiliser dans une lettre de motivation. En effet, à moins que vous connaissiez le recruteur personnellement, évitez les touches humoristiques. Pour le même prix, vous pouvez soit amuser l'employeur et retenir son attention, soit totalement vous discréditer. Dans le doute, mieux vaut donc s'abstenir.

COMMENT EXPRIMER SON EN-THOUSIASME SANS AVOIR L'AIR ARROGANT ?

Pour se démarquer des autres candidats, il est important de montrer sa motivation et son enthousiasme pour le poste et envers l'employeur. Il s'agit d'ailleurs de la fonction première d'une lettre de motivation. Attention tout de même : votre enthousiasme peut parfois passer pour de l'arrogance. Pour éviter cela, voici quelques conseils pratiques :

- évitez de trop utiliser la première personne du singulier. Autrement dit, commencez le moins souvent possible vos phrases par « je » ;
- n'utilisez jamais un ton condescendant envers la fonction pour laquelle vous postulez ou envers l'employeur. Cela peut s'exprimer, par exemple, à travers l'évocation d'un ancien employeur plus prestigieux que vous mettez, même si c'est implicite, sur un piédestal par comparaison avec celui auprès duquel vous posez votre candidature. Bien sûr, ne minimisez pas vos expériences, mais faire exagérément l'éloge d'une entreprise ou d'une fonction

précédente donnera l'impression au recruteur que vous postulez chez lui par dépit ;

- évitez les points d'exclamation intempestifs. Si chacune de vos phrases se termine par un point d'exclamation, l'effet recherché par ce signe de ponctuation en sera fortement diminué. Utilisez-le pour mettre l'accent sur une phrase ou deux en particulier, mais pas davantage ;
- ne parlez pas uniquement de vous et de vos expériences. Gardez à l'esprit que le but n'est pas seulement de montrer que vous êtes compétent, mais que vous êtes surtout motivé par le poste et par l'employeur. Insistez donc sur les aspects de la fonction qui vous rendent si enthousiaste. Il faut à tout prix éviter que votre lettre de motivation ne se résume à un éloge de votre personne.

PEUT-ON RÉDIGER UNE MÊME LETTRE DE MOTIVATION POUR TOUTES SES CANDIDATURES ?

Toutes les offres d'emploi ont leurs spécificités. Il est donc primordial d'adapter votre lettre de motivation en fonction de celles-ci. Même si vous trouvez deux annonces presque identiques pour un même poste, vous devez tout de même ajuster votre lettre en fonction de l'employeur qui, lui, est différent. La personnalisation de votre lettre est un élément fondamental et vous ne pouvez en aucun cas envoyer deux fois une lettre identique. Bien sûr, vos lettres peuvent parfois ne différer que sur quelques points, mais ce sont justement ces détails qui font la différence. Autant mettre toutes les chances de votre côté. La meilleure lettre de motivation sera celle qui vous ressemblera tout en étant adaptée à l'annonce à laquelle vous répondez.

FAUT-IL PARLER DE LA DISTANCE ENTRE L'ENTREPRISE ET SON DOMICILE ?

Bien sûr, si vous habitez à proximité du lieu de travail, l'adresse qui figure sur votre lettre de motivation et sur votre CV suffit à l'employeur pour comprendre que la distance entre votre domicile et l'entreprise ne posera pas de problèmes.

Si, en revanche, vous habitez vraiment loin du lieu de travail, il est alors conseillé d'expliquer les motifs de votre recherche dans la zone. Par exemple, si vous comptez déménager dans le secteur où se trouve l'employeur, le mentionner sera un atout en plus pour votre candidature. Par ailleurs, ces précautions vous apporteront un crédit supplémentaire. Mais si vous ne trouvez pas de motif convaincant pour justifier cette distance, ne la mentionnez pas : rien ne sert d'attirer l'attention du recruteur sur un élément qui peut à priori porter préjudice à votre candidature.

ATTENTION !

Ne mentez jamais à propos de votre adresse pour paraître plus proche de l'employeur. Cela se retournera contre vous si on vous donne un rendez-vous dans un délai court, lors de l'entretien oral ou même lorsque vous devrez concrètement donner votre adresse pour le contrat de travail. Si vous savez que le lieu de travail mentionné dans une annonce est trop loin de votre domicile et qu'il sera trop compliqué pour vous de vous y rendre, mieux vaut simplement épargner votre temps et ne pas postuler. Sauf bien sûr si vous êtes prêt à déménager !

À VOUS DE JOUER !

Vous disposez maintenant de tous les outils pour rédiger vos lettres de motivation de façon optimale. En guise de coup de pouce final, nous vous proposons une liste de questions qui peuvent vous aider si l'inspiration vous manque lors de la rédaction de votre lettre.

- Pourquoi est-ce que je veux ce poste ? Quelles en sont les particularités qui me motivent le plus ?
- Pourquoi est-ce que je veux travailler pour cet employeur en particulier ?
- Quels éléments de mon parcours prouvent que je suis qualifié pour ce poste ?
- Quelle est ma plus-value par rapport aux autres candidats ?
- De quoi suis-je fier(e) dans ce que j'ai accompli ? Puis-je utiliser cet élément comme argument ?
- Y a-t-il un domaine dans lequel j'excelle particulièrement ? Si oui, est-il pertinent de le mettre en avant ?
- Quels traits de mon caractère peuvent constituer des arguments utiles pour le poste ?

- Est-ce que je dispose d'autres atouts (distance entre mon lieu de résidence et le lieu de travail, connaissance d'une langue qui pourrait se révéler utile, etc.) ?

TRAVAILLER PAR MOTS CLÉS

Il peut être utile d'élaborer une liste de mots clés par catégorie. En répondant à ces questions, notez les mots clés qui vous viennent à l'esprit. Classez-les ensuite dans des groupes tels que « compétences », « motivation », « expériences », « atouts spécifiques », etc. Que ce soit pendant la rédaction ou lors de la relecture de votre lettre, pensez à consulter à nouveau ces catégories afin de vous assurer que vous n'avez rien oublié. Enfin, ne vous découragez pas si vos candidatures n'aboutissent pas. Cela ne signifie pas que vous n'êtes pas compétent. Maintenez la même exigence dans l'élaboration de vos sollicitations et cela finira par payer !

Votre avis nous intéresse !
Laissez un commentaire sur le site de votre
librairie en ligne et partagez vos coups de cœur sur
les réseaux sociaux !

ISBN ebook : 978-2-8062-6234-9

ISBN papier : 978-2-8062-6375-9

Dépôt légal : D/2015/12603/155

Couverture : © stokkete – Fotolia. com

Conception numérique : Primento, le partenaire numérique des éditeurs